It's that time of year a

The only thing more challenging than remembering who sent you a Christmas card already, is remembering whose cards you still need to mail out.

We have you covered with our Christmas card address book and tracker. There is space to fill in mailing addresses along with a 10 year log to track Christmas cards you have sent and received.

To ensure your cards arrive in time, aim to mail out your letters and cards by the first week of December.

Have a very Merry Christmas!

Published by
Snail Mail Publishing

Name:											A
Address:											
Phone:											
Email:											
Year:	20__	20__	20__	20__	20__	20__	20__	20__	20__	20__	
Sent:											
Rcvd:											

Name:										
Address:										
Phone:										
Email:										
Year:	20__	20__	20__	20__	20__	20__	20__	20__	20__	20__
Sent:										
Rcvd:										

Name:										
Address:										
Phone:										
Email:										
Year:	20__	20__	20__	20__	20__	20__	20__	20__	20__	20__
Sent:										
Rcvd:										

Name:										
Address:										
Phone:										
Email:										
Year:	20__	20__	20__	20__	20__	20__	20__	20__	20__	20__
Sent:										
Rcvd:										

A

Name:										
Address:										
Phone:										
Email:										
Year:	20__	20__	20__	20__	20__	20__	20__	20__	20__	20__
Sent:										
Rcvd:										

Name:										
Address:										
Phone:										
Email:										
Year:	20__	20__	20__	20__	20__	20__	20__	20__	20__	20__
Sent:										
Rcvd:										

Name:										
Address:										
Phone:										
Email:										
Year:	20__	20__	20__	20__	20__	20__	20__	20__	20__	20__
Sent:										
Rcvd:										

Name:										
Address:										
Phone:										
Email:										
Year:	20__	20__	20__	20__	20__	20__	20__	20__	20__	20__
Sent:										
Rcvd:										

A

Name:
Address:
Phone:
Email:

Year:	20__	20__	20__	20__	20__	20__	20__	20__	20__	20__
Sent:										
Rcvd:										

Name:
Address:
Phone:
Email:

Year:	20__	20__	20__	20__	20__	20__	20__	20__	20__	20__
Sent:										
Rcvd:										

Name:
Address:
Phone:
Email:

Year:	20__	20__	20__	20__	20__	20__	20__	20__	20__	20__
Sent:										
Rcvd:										

Name:
Address:
Phone:
Email:

Year:	20__	20__	20__	20__	20__	20__	20__	20__	20__	20__
Sent:										
Rcvd:										

A

Name:

Address:

Phone:

Email:

Year:	20__	20__	20__	20__	20__	20__	20__	20__	20__	20__
Sent:										
Rcvd:										

Name:

Address:

Phone:

Email:

Year:	20__	20__	20__	20__	20__	20__	20__	20__	20__	20__
Sent:										
Rcvd:										

Name:

Address:

Phone:

Email:

Year:	20__	20__	20__	20__	20__	20__	20__	20__	20__	20__
Sent:										
Rcvd:										

Name:

Address:

Phone:

Email:

Year:	20__	20__	20__	20__	20__	20__	20__	20__	20__	20__
Sent:										
Rcvd:										

A

Name:
Address:

Phone:
Email:

Year:	20__	20__	20__	20__	20__	20__	20__	20__	20__	20__
Sent:										
Rcvd:										

Name:
Address:

Phone:
Email:

Year:	20__	20__	20__	20__	20__	20__	20__	20__	20__	20__
Sent:										
Rcvd:										

Name:
Address:

Phone:
Email:

Year:	20__	20__	20__	20__	20__	20__	20__	20__	20__	20__
Sent:										
Rcvd:										

Name:
Address:

Phone:
Email:

Year:	20__	20__	20__	20__	20__	20__	20__	20__	20__	20__
Sent:										
Rcvd:										

Name:										
Address:										
Phone:										
Email:										
Year:	20__	20__	20__	20__	20__	20__	20__	20__	20__	20__
Sent:										
Rcvd:										

Name:										
Address:										
Phone:										
Email:										
Year:	20__	20__	20__	20__	20__	20__	20__	20__	20__	20__
Sent:										
Rcvd:										

Name:										
Address:										
Phone:										
Email:										
Year:	20__	20__	20__	20__	20__	20__	20__	20__	20__	20__
Sent:										
Rcvd:										

Name:										
Address:										
Phone:										
Email:										
Year:	20__	20__	20__	20__	20__	20__	20__	20__	20__	20__
Sent:										
Rcvd:										

B

Name:										
Address:										
Phone:										
Email:										
Year:	20__	20__	20__	20__	20__	20__	20__	20__	20__	20__
Sent:										
Rcvd:										

Name:										
Address:										
Phone:										
Email:										
Year:	20__	20__	20__	20__	20__	20__	20__	20__	20__	20__
Sent:										
Rcvd:										

Name:										
Address:										
Phone:										
Email:										
Year:	20__	20__	20__	20__	20__	20__	20__	20__	20__	20__
Sent:										
Rcvd:										

Name:										
Address:										
Phone:										
Email:										
Year:	20__	20__	20__	20__	20__	20__	20__	20__	20__	20__
Sent:										
Rcvd:										

B

Name:										
Address:										
Phone:										
Email:										
Year:	20__	20__	20__	20__	20__	20__	20__	20__	20__	20__
Sent:										
Rcvd:										

Name:										
Address:										
Phone:										
Email:										
Year:	20__	20__	20__	20__	20__	20__	20__	20__	20__	20__
Sent:										
Rcvd:										

Name:										
Address:										
Phone:										
Email:										
Year:	20__	20__	20__	20__	20__	20__	20__	20__	20__	20__
Sent:										
Rcvd:										

Name:										
Address:										
Phone:										
Email:										
Year:	20__	20__	20__	20__	20__	20__	20__	20__	20__	20__
Sent:										
Rcvd:										

B

Name:										
Address:										
Phone:										
Email:										
Year:	20__	20__	20__	20__	20__	20__	20__	20__	20__	20__
Sent:										
Rcvd:										

Name:										
Address:										
Phone:										
Email:										
Year:	20__	20__	20__	20__	20__	20__	20__	20__	20__	20__
Sent:										
Rcvd:										

Name:										
Address:										
Phone:										
Email:										
Year:	20__	20__	20__	20__	20__	20__	20__	20__	20__	20__
Sent:										
Rcvd:										

Name:										
Address:										
Phone:										
Email:										
Year:	20__	20__	20__	20__	20__	20__	20__	20__	20__	20__
Sent:										
Rcvd:										

B

B

Name:
Address:

Phone:
Email:

Year:	20__	20__	20__	20__	20__	20__	20__	20__	20__	20__
Sent:										
Rcvd:										

Name:
Address:

Phone:
Email:

Year:	20__	20__	20__	20__	20__	20__	20__	20__	20__	20__
Sent:										
Rcvd:										

Name:
Address:

Phone:
Email:

Year:	20__	20__	20__	20__	20__	20__	20__	20__	20__	20__
Sent:										
Rcvd:										

Name:
Address:

Phone:
Email:

Year:	20__	20__	20__	20__	20__	20__	20__	20__	20__	20__
Sent:										
Rcvd:										

C

Name:

Address:

Phone:

Email:

Year:	20__	20__	20__	20__	20__	20__	20__	20__	20__	20__
Sent:										
Rcvd:										

Name:

Address:

Phone:

Email:

Year:	20__	20__	20__	20__	20__	20__	20__	20__	20__	20__
Sent:										
Rcvd:										

Name:

Address:

Phone:

Email:

Year:	20__	20__	20__	20__	20__	20__	20__	20__	20__	20__
Sent:										
Rcvd:										

Name:

Address:

Phone:

Email:

Year:	20__	20__	20__	20__	20__	20__	20__	20__	20__	20__
Sent:										
Rcvd:										

C

Name:
Address:

Phone:
Email:

Year:	20__	20__	20__	20__	20__	20__	20__	20__	20__	20__
Sent:										
Rcvd:										

Name:
Address:

Phone:
Email:

Year:	20__	20__	20__	20__	20__	20__	20__	20__	20__	20__
Sent:										
Rcvd:										

Name:
Address:

Phone:
Email:

Year:	20__	20__	20__	20__	20__	20__	20__	20__	20__	20__
Sent:										
Rcvd:										

Name:
Address:

Phone:
Email:

Year:	20__	20__	20__	20__	20__	20__	20__	20__	20__	20__
Sent:										
Rcvd:										

C

Name:
Address:

Phone:
Email:

Year:	20__	20__	20__	20__	20__	20__	20__	20__	20__	20__
Sent:										
Rcvd:										

Name:
Address:

Phone:
Email:

Year:	20__	20__	20__	20__	20__	20__	20__	20__	20__	20__
Sent:										
Rcvd:										

Name:
Address:

Phone:
Email:

Year:	20__	20__	20__	20__	20__	20__	20__	20__	20__	20__
Sent:										
Rcvd:										

Name:
Address:

Phone:
Email:

Year:	20__	20__	20__	20__	20__	20__	20__	20__	20__	20__
Sent:										
Rcvd:										

C

Name:
Address:

Phone:
Email:

Year:	20__	20__	20__	20__	20__	20__	20__	20__	20__	20__
Sent:										
Rcvd:										

Name:
Address:

Phone:
Email:

Year:	20__	20__	20__	20__	20__	20__	20__	20__	20__	20__
Sent:										
Rcvd:										

Name:
Address:

Phone:
Email:

Year:	20__	20__	20__	20__	20__	20__	20__	20__	20__	20__
Sent:										
Rcvd:										

Name:
Address:

Phone:
Email:

Year:	20__	20__	20__	20__	20__	20__	20__	20__	20__	20__
Sent:										
Rcvd:										

Name:										
Address:										
Phone:										
Email:										
Year:	20__	20__	20__	20__	20__	20__	20__	20__	20__	20__
Sent:										
Rcvd:										

Name:										
Address:										
Phone:										
Email:										
Year:	20__	20__	20__	20__	20__	20__	20__	20__	20__	20__
Sent:										
Rcvd:										

Name:										
Address:										
Phone:										
Email:										
Year:	20__	20__	20__	20__	20__	20__	20__	20__	20__	20__
Sent:										
Rcvd:										

Name:										
Address:										
Phone:										
Email:										
Year:	20__	20__	20__	20__	20__	20__	20__	20__	20__	20__
Sent:										
Rcvd:										

C

D

Name:

Address:

Phone:

Email:

Year:	20__	20__	20__	20__	20__	20__	20__	20__	20__	20__
Sent:										
Rcvd:										

Name:

Address:

Phone:

Email:

Year:	20__	20__	20__	20__	20__	20__	20__	20__	20__	20__
Sent:										
Rcvd:										

Name:

Address:

Phone:

Email:

Year:	20__	20__	20__	20__	20__	20__	20__	20__	20__	20__
Sent:										
Rcvd:										

Name:

Address:

Phone:

Email:

Year:	20__	20__	20__	20__	20__	20__	20__	20__	20__	20__
Sent:										
Rcvd:										

Name:										
Address:										
Phone:										
Email:										
Year:	20__	20__	20__	20__	20__	20__	20__	20__	20__	20__
Sent:										
Rcvd:										

Name:										
Address:										
Phone:										
Email:										
Year:	20__	20__	20__	20__	20__	20__	20__	20__	20__	20__
Sent:										
Rcvd:										

Name:										
Address:										
Phone:										
Email:										
Year:	20__	20__	20__	20__	20__	20__	20__	20__	20__	20__
Sent:										
Rcvd:										

Name:										
Address:										
Phone:										
Email:										
Year:	20__	20__	20__	20__	20__	20__	20__	20__	20__	20__
Sent:										
Rcvd:										

D

D

Name:

Address:

Phone:

Email:

Year:	20__	20__	20__	20__	20__	20__	20__	20__	20__	20__
Sent:										
Rcvd:										

Name:

Address:

Phone:

Email:

Year:	20__	20__	20__	20__	20__	20__	20__	20__	20__	20__
Sent:										
Rcvd:										

Name:

Address:

Phone:

Email:

Year:	20__	20__	20__	20__	20__	20__	20__	20__	20__	20__
Sent:										
Rcvd:										

Name:

Address:

Phone:

Email:

Year:	20__	20__	20__	20__	20__	20__	20__	20__	20__	20__
Sent:										
Rcvd:										

D

Name:
Address:

Phone:
Email:

Year:	20__	20__	20__	20__	20__	20__	20__	20__	20__	20__
Sent:										
Rcvd:										

Name:
Address:

Phone:
Email:

Year:	20__	20__	20__	20__	20__	20__	20__	20__	20__	20__
Sent:										
Rcvd:										

Name:
Address:

Phone:
Email:

Year:	20__	20__	20__	20__	20__	20__	20__	20__	20__	20__
Sent:										
Rcvd:										

Name:
Address:

Phone:
Email:

Year:	20__	20__	20__	20__	20__	20__	20__	20__	20__	20__
Sent:										
Rcvd:										

D

Name:										
Address:										
Phone:										
Email:										
Year:	20__	20__	20__	20__	20__	20__	20__	20__	20__	20__
Sent:										
Rcvd:										

Name:										
Address:										
Phone:										
Email:										
Year:	20__	20__	20__	20__	20__	20__	20__	20__	20__	20__
Sent:										
Rcvd:										

Name:										
Address:										
Phone:										
Email:										
Year:	20__	20__	20__	20__	20__	20__	20__	20__	20__	20__
Sent:										
Rcvd:										

Name:										
Address:										
Phone:										
Email:										
Year:	20__	20__	20__	20__	20__	20__	20__	20__	20__	20__
Sent:										
Rcvd:										

E

Name:										
Address:										
Phone:										
Email:										
Year:	20__	20__	20__	20__	20__	20__	20__	20__	20__	20__
Sent:										
Rcvd:										

Name:										
Address:										
Phone:										
Email:										
Year:	20__	20__	20__	20__	20__	20__	20__	20__	20__	20__
Sent:										
Rcvd:										

Name:										
Address:										
Phone:										
Email:										
Year:	20__	20__	20__	20__	20__	20__	20__	20__	20__	20__
Sent:										
Rcvd:										

Name:										
Address:										
Phone:										
Email:										
Year:	20__	20__	20__	20__	20__	20__	20__	20__	20__	20__
Sent:										
Rcvd:										

E

Name:
Address:

Phone:
Email:

Year:	20__	20__	20__	20__	20__	20__	20__	20__	20__	20__
Sent:										
Rcvd:										

Name:
Address:

Phone:
Email:

Year:	20__	20__	20__	20__	20__	20__	20__	20__	20__	20__
Sent:										
Rcvd:										

Name:
Address:

Phone:
Email:

Year:	20__	20__	20__	20__	20__	20__	20__	20__	20__	20__
Sent:										
Rcvd:										

Name:
Address:

Phone:
Email:

Year:	20__	20__	20__	20__	20__	20__	20__	20__	20__	20__
Sent:										
Rcvd:										

E

Name:										
Address:										
Phone:										
Email:										
Year:	20__	20__	20__	20__	20__	20__	20__	20__	20__	20__
Sent:										
Rcvd:										

Name:										
Address:										
Phone:										
Email:										
Year:	20__	20__	20__	20__	20__	20__	20__	20__	20__	20__
Sent:										
Rcvd:										

Name:										
Address:										
Phone:										
Email:										
Year:	20__	20__	20__	20__	20__	20__	20__	20__	20__	20__
Sent:										
Rcvd:										

Name:										
Address:										
Phone:										
Email:										
Year:	20__	20__	20__	20__	20__	20__	20__	20__	20__	20__
Sent:										
Rcvd:										

E

Name:

Address:

Phone:

Email:

Year:	20__	20__	20__	20__	20__	20__	20__	20__	20__	20__
Sent:										
Rcvd:										

Name:

Address:

Phone:

Email:

Year:	20__	20__	20__	20__	20__	20__	20__	20__	20__	20__
Sent:										
Rcvd:										

Name:

Address:

Phone:

Email:

Year:	20__	20__	20__	20__	20__	20__	20__	20__	20__	20__
Sent:										
Rcvd:										

Name:

Address:

Phone:

Email:

Year:	20__	20__	20__	20__	20__	20__	20__	20__	20__	20__
Sent:										
Rcvd:										

E

Name:
Address:

Phone:
Email:

Year:	20__	20__	20__	20__	20__	20__	20__	20__	20__	20__
Sent:										
Rcvd:										

Name:
Address:

Phone:
Email:

Year:	20__	20__	20__	20__	20__	20__	20__	20__	20__	20__
Sent:										
Rcvd:										

Name:
Address:

Phone:
Email:

Year:	20__	20__	20__	20__	20__	20__	20__	20__	20__	20__
Sent:										
Rcvd:										

Name:
Address:

Phone:
Email:

Year:	20__	20__	20__	20__	20__	20__	20__	20__	20__	20__
Sent:										
Rcvd:										

Name:

Address:

Phone:

Email:

Year:	20__	20__	20__	20__	20__	20__	20__	20__	20__	20__
Sent:										
Rcvd:										

F

Name:

Address:

Phone:

Email:

Year:	20__	20__	20__	20__	20__	20__	20__	20__	20__	20__
Sent:										
Rcvd:										

Name:

Address:

Phone:

Email:

Year:	20__	20__	20__	20__	20__	20__	20__	20__	20__	20__
Sent:										
Rcvd:										

Name:

Address:

Phone:

Email:

Year:	20__	20__	20__	20__	20__	20__	20__	20__	20__	20__
Sent:										
Rcvd:										

Name:											
Address:											
Phone:											
Email:											
Year:	20__	20__	20__	20__	20__	20__	20__	20__	20__	20__	F
Sent:											
Rcvd:											

Name:										
Address:										
Phone:										
Email:										
Year:	20__	20__	20__	20__	20__	20__	20__	20__	20__	20__
Sent:										
Rcvd:										

Name:										
Address:										
Phone:										
Email:										
Year:	20__	20__	20__	20__	20__	20__	20__	20__	20__	20__
Sent:										
Rcvd:										

Name:										
Address:										
Phone:										
Email:										
Year:	20__	20__	20__	20__	20__	20__	20__	20__	20__	20__
Sent:										
Rcvd:										

F

Name:

Address:

Phone:

Email:

Year:	20__	20__	20__	20__	20__	20__	20__	20__	20__	20__
Sent:										
Rcvd:										

Name:

Address:

Phone:

Email:

Year:	20__	20__	20__	20__	20__	20__	20__	20__	20__	20__
Sent:										
Rcvd:										

Name:

Address:

Phone:

Email:

Year:	20__	20__	20__	20__	20__	20__	20__	20__	20__	20__
Sent:										
Rcvd:										

Name:

Address:

Phone:

Email:

Year:	20__	20__	20__	20__	20__	20__	20__	20__	20__	20__
Sent:										
Rcvd:										

Name:										
Address:										
Phone:										
Email:										
Year:	20__	20__	20__	20__	20__	20__	20__	20__	20__	20__
Sent:										
Rcvd:										

Name:										
Address:										
Phone:										
Email:										
Year:	20__	20__	20__	20__	20__	20__	20__	20__	20__	20__
Sent:										
Rcvd:										

Name:										
Address:										
Phone:										
Email:										
Year:	20__	20__	20__	20__	20__	20__	20__	20__	20__	20__
Sent:										
Rcvd:										

Name:										
Address:										
Phone:										
Email:										
Year:	20__	20__	20__	20__	20__	20__	20__	20__	20__	20__
Sent:										
Rcvd:										

F

G

Name:

Address:

Phone:

Email:

Year:	20__	20__	20__	20__	20__	20__	20__	20__	20__	20__
Sent:										
Rcvd:										

Name:

Address:

Phone:

Email:

Year:	20__	20__	20__	20__	20__	20__	20__	20__	20__	20__
Sent:										
Rcvd:										

Name:

Address:

Phone:

Email:

Year:	20__	20__	20__	20__	20__	20__	20__	20__	20__	20__
Sent:										
Rcvd:										

Name:

Address:

Phone:

Email:

Year:	20__	20__	20__	20__	20__	20__	20__	20__	20__	20__
Sent:										
Rcvd:										

G

Name:										
Address:										
Phone:										
Email:										
Year:	20__	20__	20__	20__	20__	20__	20__	20__	20__	20__
Sent:										
Rcvd:										

Name:										
Address:										
Phone:										
Email:										
Year:	20__	20__	20__	20__	20__	20__	20__	20__	20__	20__
Sent:										
Rcvd:										

Name:										
Address:										
Phone:										
Email:										
Year:	20__	20__	20__	20__	20__	20__	20__	20__	20__	20__
Sent:										
Rcvd:										

Name:										
Address:										
Phone:										
Email:										
Year:	20__	20__	20__	20__	20__	20__	20__	20__	20__	20__
Sent:										
Rcvd:										

Name:										
Address:										
Phone:										
Email:										
Year:	20__	20__	20__	20__	20__	20__	20__	20__	20__	20__
Sent:										
Rcvd:										

G

Name:										
Address:										
Phone:										
Email:										
Year:	20__	20__	20__	20__	20__	20__	20__	20__	20__	20__
Sent:										
Rcvd:										

Name:										
Address:										
Phone:										
Email:										
Year:	20__	20__	20__	20__	20__	20__	20__	20__	20__	20__
Sent:										
Rcvd:										

Name:										
Address:										
Phone:										
Email:										
Year:	20__	20__	20__	20__	20__	20__	20__	20__	20__	20__
Sent:										
Rcvd:										

Name:

Address:

Phone:

Email:

Year:	20__	20__	20__	20__	20__	20__	20__	20__	20__	20__
Sent:										
Rcvd:										

G

Name:

Address:

Phone:

Email:

Year:	20__	20__	20__	20__	20__	20__	20__	20__	20__	20__
Sent:										
Rcvd:										

Name:

Address:

Phone:

Email:

Year:	20__	20__	20__	20__	20__	20__	20__	20__	20__	20__
Sent:										
Rcvd:										

Name:

Address:

Phone:

Email:

Year:	20__	20__	20__	20__	20__	20__	20__	20__	20__	20__
Sent:										
Rcvd:										

H

Name:

Address:

Phone:

Email:

Year:	20__	20__	20__	20__	20__	20__	20__	20__	20__	20__
Sent:										
Rcvd:										

Name:

Address:

Phone:

Email:

Year:	20__	20__	20__	20__	20__	20__	20__	20__	20__	20__
Sent:										
Rcvd:										

Name:

Address:

Phone:

Email:

Year:	20__	20__	20__	20__	20__	20__	20__	20__	20__	20__
Sent:										
Rcvd:										

Name:

Address:

Phone:

Email:

Year:	20__	20__	20__	20__	20__	20__	20__	20__	20__	20__
Sent:										
Rcvd:										

Name:										
Address:										
Phone:										
Email:										
Year:	20__	20__	20__	20__	20__	20__	20__	20__	20__	20__
Sent:										
Rcvd:										
Name:										
Address:										
Phone:										
Email:										
Year:	20__	20__	20__	20__	20__	20__	20__	20__	20__	20__
Sent:										
Rcvd:										
Name:										
Address:										
Phone:										
Email:										
Year:	20__	20__	20__	20__	20__	20__	20__	20__	20__	20__
Sent:										
Rcvd:										
Name:										
Address:										
Phone:										
Email:										
Year:	20__	20__	20__	20__	20__	20__	20__	20__	20__	20__
Sent:										
Rcvd:										

H

Name:
Address:

Phone:
Email:

Year:	20__	20__	20__	20__	20__	20__	20__	20__	20__	20__
Sent:										
Rcvd:										

H

Name:
Address:

Phone:
Email:

Year:	20__	20__	20__	20__	20__	20__	20__	20__	20__	20__
Sent:										
Rcvd:										

Name:
Address:

Phone:
Email:

Year:	20__	20__	20__	20__	20__	20__	20__	20__	20__	20__
Sent:										
Rcvd:										

Name:
Address:

Phone:
Email:

Year:	20__	20__	20__	20__	20__	20__	20__	20__	20__	20__
Sent:										
Rcvd:										

Name:										
Address:										
Phone:										
Email:										
Year:	20__	20__	20__	20__	20__	20__	20__	20__	20__	20__
Sent:										
Rcvd:										

H

Name:										
Address:										
Phone:										
Email:										
Year:	20__	20__	20__	20__	20__	20__	20__	20__	20__	20__
Sent:										
Rcvd:										

Name:										
Address:										
Phone:										
Email:										
Year:	20__	20__	20__	20__	20__	20__	20__	20__	20__	20__
Sent:										
Rcvd:										

Name:										
Address:										
Phone:										
Email:										
Year:	20__	20__	20__	20__	20__	20__	20__	20__	20__	20__
Sent:										
Rcvd:										

Name:										
Address:										
Phone:										
Email:										
Year:	20__	20__	20__	20__	20__	20__	20__	20__	20__	20__
Sent:										
Rcvd:										

Name:										
Address:										
Phone:										
Email:										
Year:	20__	20__	20__	20__	20__	20__	20__	20__	20__	20__
Sent:										
Rcvd:										

Name:										
Address:										
Phone:										
Email:										
Year:	20__	20__	20__	20__	20__	20__	20__	20__	20__	20__
Sent:										
Rcvd:										

Name:										
Address:										
Phone:										
Email:										
Year:	20__	20__	20__	20__	20__	20__	20__	20__	20__	20__
Sent:										
Rcvd:										

Name:										
Address:										
Phone:										
Email:										
Year:	20__	20__	20__	20__	20__	20__	20__	20__	20__	20__
Sent:										
Rcvd:										

Name:										
Address:										
Phone:										
Email:										
Year:	20__	20__	20__	20__	20__	20__	20__	20__	20__	20__
Sent:										
Rcvd:										

Name:										
Address:										
Phone:										
Email:										
Year:	20__	20__	20__	20__	20__	20__	20__	20__	20__	20__
Sent:										
Rcvd:										

Name:										
Address:										
Phone:										
Email:										
Year:	20__	20__	20__	20__	20__	20__	20__	20__	20__	20__
Sent:										
Rcvd:										

Name:										
Address:										
Phone:										
Email:										
Year:	20__	20__	20__	20__	20__	20__	20__	20__	20__	20__
Sent:										
Rcvd:										

Name:										
Address:										
Phone:										
Email:										
Year:	20__	20__	20__	20__	20__	20__	20__	20__	20__	20__
Sent:										
Rcvd:										

Name:										
Address:										
Phone:										
Email:										
Year:	20__	20__	20__	20__	20__	20__	20__	20__	20__	20__
Sent:										
Rcvd:										

Name:										
Address:										
Phone:										
Email:										
Year:	20__	20__	20__	20__	20__	20__	20__	20__	20__	20__
Sent:										
Rcvd:										

Name:										
Address:										
Phone:										
Email:										
Year:	20__	20__	20__	20__	20__	20__	20__	20__	20__	20__
Sent:										
Rcvd:										

Name:										
Address:										
Phone:										
Email:										
Year:	20__	20__	20__	20__	20__	20__	20__	20__	20__	20__
Sent:										
Rcvd:										

Name:										
Address:										
Phone:										
Email:										
Year:	20__	20__	20__	20__	20__	20__	20__	20__	20__	20__
Sent:										
Rcvd:										

Name:										
Address:										
Phone:										
Email:										
Year:	20__	20__	20__	20__	20__	20__	20__	20__	20__	20__
Sent:										
Rcvd:										

J

Name:
Address:

Phone:
Email:

Year:	20__	20__	20__	20__	20__	20__	20__	20__	20__	20__
Sent:										
Rcvd:										

Name:
Address:

Phone:
Email:

Year:	20__	20__	20__	20__	20__	20__	20__	20__	20__	20__
Sent:										
Rcvd:										

Name:
Address:

Phone:
Email:

Year:	20__	20__	20__	20__	20__	20__	20__	20__	20__	20__
Sent:										
Rcvd:										

Name:
Address:

Phone:
Email:

Year:	20__	20__	20__	20__	20__	20__	20__	20__	20__	20__
Sent:										
Rcvd:										

Name:										
Address:										
Phone:										
Email:										
Year:	20__	20__	20__	20__	20__	20__	20__	20__	20__	20__
Sent:										
Rcvd:										

Name:										
Address:										
Phone:										
Email:										
Year:	20__	20__	20__	20__	20__	20__	20__	20__	20__	20__
Sent:										
Rcvd:										

Name:										
Address:										
Phone:										
Email:										
Year:	20__	20__	20__	20__	20__	20__	20__	20__	20__	20__
Sent:										
Rcvd:										

Name:										
Address:										
Phone:										
Email:										
Year:	20__	20__	20__	20__	20__	20__	20__	20__	20__	20__
Sent:										
Rcvd:										

J

J

Name:
Address:
Phone:
Email:

Year:	20__	20__	20__	20__	20__	20__	20__	20__	20__	20__
Sent:										
Rcvd:										

Name:
Address:
Phone:
Email:

Year:	20__	20__	20__	20__	20__	20__	20__	20__	20__	20__
Sent:										
Rcvd:										

Name:
Address:
Phone:
Email:

Year:	20__	20__	20__	20__	20__	20__	20__	20__	20__	20__
Sent:										
Rcvd:										

Name:
Address:
Phone:
Email:

Year:	20__	20__	20__	20__	20__	20__	20__	20__	20__	20__
Sent:										
Rcvd:										

J

Name:
Address:

Phone:
Email:

Year:	20__	20__	20__	20__	20__	20__	20__	20__	20__	20__
Sent:										
Rcvd:										

Name:
Address:

Phone:
Email:

Year:	20__	20__	20__	20__	20__	20__	20__	20__	20__	20__
Sent:										
Rcvd:										

Name:
Address:

Phone:
Email:

Year:	20__	20__	20__	20__	20__	20__	20__	20__	20__	20__
Sent:										
Rcvd:										

Name:
Address:

Phone:
Email:

Year:	20__	20__	20__	20__	20__	20__	20__	20__	20__	20__
Sent:										
Rcvd:										

Name:
Address:

Phone:
Email:

Year:	20__	20__	20__	20__	20__	20__	20__	20__	20__	20__
Sent:										
Rcvd:										

Name:
Address:

Phone:
Email:

Year:	20__	20__	20__	20__	20__	20__	20__	20__	20__	20__
Sent:										
Rcvd:										

Name:
Address:

Phone:
Email:

Year:	20__	20__	20__	20__	20__	20__	20__	20__	20__	20__
Sent:										
Rcvd:										

Name:
Address:

Phone:
Email:

Year:	20__	20__	20__	20__	20__	20__	20__	20__	20__	20__
Sent:										
Rcvd:										

K

Name:										
Address:										
Phone:										
Email:										
Year:	20__	20__	20__	20__	20__	20__	20__	20__	20__	20__
Sent:										
Rcvd:										

Name:										
Address:										
Phone:										
Email:										
Year:	20__	20__	20__	20__	20__	20__	20__	20__	20__	20__
Sent:										
Rcvd:										

Name:										
Address:										
Phone:										
Email:										
Year:	20__	20__	20__	20__	20__	20__	20__	20__	20__	20__
Sent:										
Rcvd:										

Name:										
Address:										
Phone:										
Email:										
Year:	20__	20__	20__	20__	20__	20__	20__	20__	20__	20__
Sent:										
Rcvd:										

K

Name:

Address:

Phone:

Email:

Year:	20__	20__	20__	20__	20__	20__	20__	20__	20__	20__
Sent:										
Rcvd:										

Name:

Address:

Phone:

Email:

Year:	20__	20__	20__	20__	20__	20__	20__	20__	20__	20__
Sent:										
Rcvd:										

Name:

Address:

Phone:

Email:

Year:	20__	20__	20__	20__	20__	20__	20__	20__	20__	20__
Sent:										
Rcvd:										

Name:

Address:

Phone:

Email:

Year:	20__	20__	20__	20__	20__	20__	20__	20__	20__	20__
Sent:										
Rcvd:										

K

K

Name:
Address:

Phone:
Email:

Year:	20__	20__	20__	20__	20__	20__	20__	20__	20__	20__
Sent:										
Rcvd:										

Name:
Address:

Phone:
Email:

Year:	20__	20__	20__	20__	20__	20__	20__	20__	20__	20__
Sent:										
Rcvd:										

Name:
Address:

Phone:
Email:

Year:	20__	20__	20__	20__	20__	20__	20__	20__	20__	20__
Sent:										
Rcvd:										

Name:
Address:

Phone:
Email:

Year:	20__	20__	20__	20__	20__	20__	20__	20__	20__	20__
Sent:										
Rcvd:										

Name:										
Address:										
Phone:										
Email:										
Year:	20__	20__	20__	20__	20__	20__	20__	20__	20__	20__
Sent:										
Rcvd:										

Name:										
Address:										
Phone:										
Email:										
Year:	20__	20__	20__	20__	20__	20__	20__	20__	20__	20__
Sent:										
Rcvd:										

Name:										
Address:										
Phone:										
Email:										
Year:	20__	20__	20__	20__	20__	20__	20__	20__	20__	20__
Sent:										
Rcvd:										

Name:										
Address:										
Phone:										
Email:										
Year:	20__	20__	20__	20__	20__	20__	20__	20__	20__	20__
Sent:										
Rcvd:										

L

Name:										
Address:										
Phone:										
Email:										
Year:	20__	20__	20__	20__	20__	20__	20__	20__	20__	20__
Sent:										
Rcvd:										
Name:										
Address:										
Phone:										
Email:										
Year:	20__	20__	20__	20__	20__	20__	20__	20__	20__	20__
Sent:										
Rcvd:										
Name:										
Address:										
Phone:										
Email:										
Year:	20__	20__	20__	20__	20__	20__	20__	20__	20__	20__
Sent:										
Rcvd:										
Name:										
Address:										
Phone:										
Email:										
Year:	20__	20__	20__	20__	20__	20__	20__	20__	20__	20__
Sent:										
Rcvd:										

L

Name:
Address:

Phone:

Email:

Year:	20__	20__	20__	20__	20__	20__	20__	20__	20__	20__
Sent:										
Rcvd:										

Name:
Address:

Phone:

Email:

Year:	20__	20__	20__	20__	20__	20__	20__	20__	20__	20__
Sent:										
Rcvd:										

L

Name:
Address:

Phone:

Email:

Year:	20__	20__	20__	20__	20__	20__	20__	20__	20__	20__
Sent:										
Rcvd:										

Name:
Address:

Phone:

Email:

Year:	20__	20__	20__	20__	20__	20__	20__	20__	20__	20__
Sent:										
Rcvd:										

Name:										
Address:										
Phone:										
Email:										
Year:	20__	20__	20__	20__	20__	20__	20__	20__	20__	20__
Sent:										
Rcvd:										

Name:										
Address:										
Phone:										
Email:										
Year:	20__	20__	20__	20__	20__	20__	20__	20__	20__	20__
Sent:										
Rcvd:										

Name:										
Address:										
Phone:										
Email:										
Year:	20__	20__	20__	20__	20__	20__	20__	20__	20__	20__
Sent:										
Rcvd:										

Name:										
Address:										
Phone:										
Email:										
Year:	20__	20__	20__	20__	20__	20__	20__	20__	20__	20__
Sent:										
Rcvd:										

L

Name:

Address:

Phone:

Email:

Year:	20__	20__	20__	20__	20__	20__	20__	20__	20__	20__
Sent:										
Rcvd:										

Name:

Address:

Phone:

Email:

Year:	20__	20__	20__	20__	20__	20__	20__	20__	20__	20__
Sent:										
Rcvd:										

Name:

Address:

Phone:

Email:

Year:	20__	20__	20__	20__	20__	20__	20__	20__	20__	20__
Sent:										
Rcvd:										

Name:

Address:

Phone:

Email:

Year:	20__	20__	20__	20__	20__	20__	20__	20__	20__	20__
Sent:										
Rcvd:										

M

Name:										
Address:										
Phone:										
Email:										
Year:	20__	20__	20__	20__	20__	20__	20__	20__	20__	20__
Sent:										
Rcvd:										

Name:										
Address:										
Phone:										
Email:										
Year:	20__	20__	20__	20__	20__	20__	20__	20__	20__	20__
Sent:										
Rcvd:										

Name:										
Address:										
Phone:										
Email:										
Year:	20__	20__	20__	20__	20__	20__	20__	20__	20__	20__
Sent:										
Rcvd:										

Name:										
Address:										
Phone:										
Email:										
Year:	20__	20__	20__	20__	20__	20__	20__	20__	20__	20__
Sent:										
Rcvd:										

M

M

Name:

Address:

Phone:

Email:

Year:	20_	20_	20_	20_	20_	20_	20_	20_	20_	20_
Sent:										
Rcvd:										

Name:

Address:

Phone:

Email:

Year:	20_	20_	20_	20_	20_	20_	20_	20_	20_	20_
Sent:										
Rcvd:										

Name:

Address:

Phone:

Email:

Year:	20_	20_	20_	20_	20_	20_	20_	20_	20_	20_
Sent:										
Rcvd:										

Name:

Address:

Phone:

Email:

Year:	20_	20_	20_	20_	20_	20_	20_	20_	20_	20_
Sent:										
Rcvd:										

Name:										
Address:										
Phone:										
Email:										
Year:	20__	20__	20__	20__	20__	20__	20__	20__	20__	20__
Sent:										
Rcvd:										

Name:										
Address:										
Phone:										
Email:										
Year:	20__	20__	20__	20__	20__	20__	20__	20__	20__	20__
Sent:										
Rcvd:										

Name:										
Address:										
Phone:										
Email:										
Year:	20__	20__	20__	20__	20__	20__	20__	20__	20__	20__
Sent:										
Rcvd:										

Name:										
Address:										
Phone:										
Email:										
Year:	20__	20__	20__	20__	20__	20__	20__	20__	20__	20__
Sent:										
Rcvd:										

M

Name:										
Address:										
Phone:										
Email:										
Year:	20__	20__	20__	20__	20__	20__	20__	20__	20__	20__
Sent:										
Rcvd:										

Name:										
Address:										
Phone:										
Email:										
Year:	20__	20__	20__	20__	20__	20__	20__	20__	20__	20__
Sent:										
Rcvd:										

Name:										
Address:										
Phone:										
Email:										
Year:	20__	20__	20__	20__	20__	20__	20__	20__	20__	20__
Sent:										
Rcvd:										

Name:										
Address:										
Phone:										
Email:										
Year:	20__	20__	20__	20__	20__	20__	20__	20__	20__	20__
Sent:										
Rcvd:										

N

Name:										
Address:										
Phone:										
Email:										
Year:	20__	20__	20__	20__	20__	20__	20__	20__	20__	20__
Sent:										
Rcvd:										

Name:										
Address:										
Phone:										
Email:										
Year:	20__	20__	20__	20__	20__	20__	20__	20__	20__	20__
Sent:										
Rcvd:										

Name:										
Address:										
Phone:										
Email:										
Year:	20__	20__	20__	20__	20__	20__	20__	20__	20__	20__
Sent:										
Rcvd:										

Name:										
Address:										
Phone:										
Email:										
Year:	20__	20__	20__	20__	20__	20__	20__	20__	20__	20__
Sent:										
Rcvd:										

N

Name:
Address:

Phone:
Email:

Year:	20__	20__	20__	20__	20__	20__	20__	20__	20__	20__
Sent:										
Rcvd:										

Name:
Address:

Phone:
Email:

Year:	20__	20__	20__	20__	20__	20__	20__	20__	20__	20__
Sent:										
Rcvd:										

Name:
Address:

Phone:
Email:

Year:	20__	20__	20__	20__	20__	20__	20__	20__	20__	20__
Sent:										
Rcvd:										

Name:
Address:

Phone:
Email:

Year:	20__	20__	20__	20__	20__	20__	20__	20__	20__	20__
Sent:										
Rcvd:										

N

Name:										
Address:										
Phone:										
Email:										
Year:	20__	20__	20__	20__	20__	20__	20__	20__	20__	20__
Sent:										
Rcvd:										

Name:										
Address:										
Phone:										
Email:										
Year:	20__	20__	20__	20__	20__	20__	20__	20__	20__	20__
Sent:										
Rcvd:										

Name:										
Address:										
Phone:										
Email:										
Year:	20__	20__	20__	20__	20__	20__	20__	20__	20__	20__
Sent:										
Rcvd:										

Name:										
Address:										
Phone:										
Email:										
Year:	20__	20__	20__	20__	20__	20__	20__	20__	20__	20__
Sent:										
Rcvd:										

Name:										
Address:										
Phone:										
Email:										
Year:	20__	20__	20__	20__	20__	20__	20__	20__	20__	20__
Sent:										
Rcvd:										

Name:										
Address:										
Phone:										
Email:										
Year:	20__	20__	20__	20__	20__	20__	20__	20__	20__	20__
Sent:										
Rcvd:										

Name:										
Address:										
Phone:										
Email:										
Year:	20__	20__	20__	20__	20__	20__	20__	20__	20__	20__
Sent:										
Rcvd:										

Name:										
Address:										
Phone:										
Email:										
Year:	20__	20__	20__	20__	20__	20__	20__	20__	20__	20__
Sent:										
Rcvd:										

Name:										
Address:										
Phone:										
Email:										
Year:	20__	20__	20__	20__	20__	20__	20__	20__	20__	20__
Sent:										
Rcvd:										
Name:										
Address:										
Phone:										
Email:										
Year:	20__	20__	20__	20__	20__	20__	20__	20__	20__	20__
Sent:										
Rcvd:										
Name:										
Address:										
Phone:										
Email:										
Year:	20__	20__	20__	20__	20__	20__	20__	20__	20__	20__
Sent:										
Rcvd:										
Name:										
Address:										
Phone:										
Email:										
Year:	20__	20__	20__	20__	20__	20__	20__	20__	20__	20__
Sent:										
Rcvd:										

O

Name:										
Address:										
Phone:										
Email:										
Year:	20__	20__	20__	20__	20__	20__	20__	20__	20__	20__
Sent:										
Rcvd:										

Name:										
Address:										
Phone:										
Email:										
Year:	20__	20__	20__	20__	20__	20__	20__	20__	20__	20__
Sent:										
Rcvd:										

Name:										
Address:										
Phone:										
Email:										
Year:	20__	20__	20__	20__	20__	20__	20__	20__	20__	20__
Sent:										
Rcvd:										

Name:										
Address:										
Phone:										
Email:										
Year:	20__	20__	20__	20__	20__	20__	20__	20__	20__	20__
Sent:										
Rcvd:										

O

Name:										
Address:										
Phone:										
Email:										
Year:	20__	20__	20__	20__	20__	20__	20__	20__	20__	20__
Sent:										
Rcvd:										

Name:										
Address:										
Phone:										
Email:										
Year:	20__	20__	20__	20__	20__	20__	20__	20__	20__	20__
Sent:										
Rcvd:										

Name:										
Address:										
Phone:										
Email:										
Year:	20__	20__	20__	20__	20__	20__	20__	20__	20__	20__
Sent:										
Rcvd:										

Name:										
Address:										
Phone:										
Email:										
Year:	20__	20__	20__	20__	20__	20__	20__	20__	20__	20__
Sent:										
Rcvd:										

Name:										
Address:										
Phone:										
Email:										
Year:	20__	20__	20__	20__	20__	20__	20__	20__	20__	20__
Sent:										
Rcvd:										

Name:										
Address:										
Phone:										
Email:										
Year:	20__	20__	20__	20__	20__	20__	20__	20__	20__	20__
Sent:										
Rcvd:										

P

Name:										
Address:										
Phone:										
Email:										
Year:	20__	20__	20__	20__	20__	20__	20__	20__	20__	20__
Sent:										
Rcvd:										

Name:										
Address:										
Phone:										
Email:										
Year:	20__	20__	20__	20__	20__	20__	20__	20__	20__	20__
Sent:										
Rcvd:										

Name:										
Address:										
Phone:										
Email:										
Year:	20__	20__	20__	20__	20__	20__	20__	20__	20__	20__
Sent:										
Rcvd:										

Name:										
Address:										
Phone:										
Email:										
Year:	20__	20__	20__	20__	20__	20__	20__	20__	20__	20__
Sent:										
Rcvd:										

Name:										
Address:										
Phone:										
Email:										
Year:	20__	20__	20__	20__	20__	20__	20__	20__	20__	20__
Sent:										
Rcvd:										

Name:										
Address:										
Phone:										
Email:										
Year:	20__	20__	20__	20__	20__	20__	20__	20__	20__	20__
Sent:										
Rcvd:										

Name:										
Address:										
Phone:										
Email:										
Year:	20__	20__	20__	20__	20__	20__	20__	20__	20__	20__
Sent:										
Rcvd:										

Name:										
Address:										
Phone:										
Email:										
Year:	20__	20__	20__	20__	20__	20__	20__	20__	20__	20__
Sent:										
Rcvd:										

Name:										
Address:										
Phone:										
Email:										
Year:	20__	20__	20__	20__	20__	20__	20__	20__	20__	20__
Sent:										
Rcvd:										

Name:										
Address:										
Phone:										
Email:										
Year:	20__	20__	20__	20__	20__	20__	20__	20__	20__	20__
Sent:										
Rcvd:										

P

Name:										
Address:										
Phone:										
Email:										
Year:	20__	20__	20__	20__	20__	20__	20__	20__	20__	20__
Sent:										
Rcvd:										

Name:										
Address:										
Phone:										
Email:										
Year:	20__	20__	20__	20__	20__	20__	20__	20__	20__	20__
Sent:										
Rcvd:										

Name:										
Address:										
Phone:										
Email:										
Year:	20__	20__	20__	20__	20__	20__	20__	20__	20__	20__
Sent:										
Rcvd:										

Name:										
Address:										
Phone:										
Email:										
Year:	20__	20__	20__	20__	20__	20__	20__	20__	20__	20__
Sent:										
Rcvd:										

Name:										
Address:										
Phone:										
Email:										
Year:	20__	20__	20__	20__	20__	20__	20__	20__	20__	20__
Sent:										
Rcvd:										

Name:										
Address:										
Phone:										
Email:										
Year:	20__	20__	20__	20__	20__	20__	20__	20__	20__	20__
Sent:										
Rcvd:										

Name:										
Address:										
Phone:										
Email:										
Year:	20__	20__	20__	20__	20__	20__	20__	20__	20__	20__
Sent:										
Rcvd:										

Name:										
Address:										
Phone:										
Email:										
Year:	20__	20__	20__	20__	20__	20__	20__	20__	20__	20__
Sent:										
Rcvd:										

Q

Name:										
Address:										
Phone:										
Email:										
Year:	20__	20__	20__	20__	20__	20__	20__	20__	20__	20__
Sent:										
Rcvd:										

Name:										
Address:										
Phone:										
Email:										
Year:	20__	20__	20__	20__	20__	20__	20__	20__	20__	20__
Sent:										
Rcvd:										

Name:										Q
Address:										
Phone:										
Email:										
Year:	20__	20__	20__	20__	20__	20__	20__	20__	20__	20__
Sent:										
Rcvd:										

Name:										
Address:										
Phone:										
Email:										
Year:	20__	20__	20__	20__	20__	20__	20__	20__	20__	20__
Sent:										
Rcvd:										

Name:

Address:

Phone:

Email:

Year:	20__	20__	20__	20__	20__	20__	20__	20__	20__	20__
Sent:										
Rcvd:										

Name:

Address:

Phone:

Email:

Year:	20__	20__	20__	20__	20__	20__	20__	20__	20__	20__
Sent:										
Rcvd:										

Name:

Address:

Phone:

Email:

Year:	20__	20__	20__	20__	20__	20__	20__	20__	20__	20__
Sent:										
Rcvd:										

Name:

Address:

Phone:

Email:

Year:	20__	20__	20__	20__	20__	20__	20__	20__	20__	20__
Sent:										
Rcvd:										

Q

Name:										
Address:										
Phone:										
Email:										
Year:	20__	20__	20__	20__	20__	20__	20__	20__	20__	20__
Sent:										
Rcvd:										

Name:										
Address:										
Phone:										
Email:										
Year:	20__	20__	20__	20__	20__	20__	20__	20__	20__	20__
Sent:										
Rcvd:										

Name:										Q
Address:										
Phone:										
Email:										
Year:	20__	20__	20__	20__	20__	20__	20__	20__	20__	20__
Sent:										
Rcvd:										

Name:										
Address:										
Phone:										
Email:										
Year:	20__	20__	20__	20__	20__	20__	20__	20__	20__	20__
Sent:										
Rcvd:										

Name:
Address:

Phone:
Email:

Year:	20__	20__	20__	20__	20__	20__	20__	20__	20__	20__
Sent:										
Rcvd:										

Name:
Address:

Phone:
Email:

Year:	20__	20__	20__	20__	20__	20__	20__	20__	20__	20__
Sent:										
Rcvd:										

Name:
Address:

Phone:
Email:

Year:	20__	20__	20__	20__	20__	20__	20__	20__	20__	20__
Sent:										
Rcvd:										

Name:
Address:

Phone:
Email:

Year:	20__	20__	20__	20__	20__	20__	20__	20__	20__	20__
Sent:										
Rcvd:										

R

Name:										
Address:										
Phone:										
Email:										
Year:	20__	20__	20__	20__	20__	20__	20__	20__	20__	20__
Sent:										
Rcvd:										
Name:										
Address:										
Phone:										
Email:										
Year:	20__	20__	20__	20__	20__	20__	20__	20__	20__	20__
Sent:										
Rcvd:										
Name:										
Address:										
Phone:										
Email:										
Year:	20__	20__	20__	20__	20__	20__	20__	20__	20__	20__
Sent:										
Rcvd:										
Name:										
Address:										
Phone:										
Email:										
Year:	20__	20__	20__	20__	20__	20__	20__	20__	20__	20__
Sent:										
Rcvd:										

R

Name:										
Address:										
Phone:										
Email:										
Year:	20__	20__	20__	20__	20__	20__	20__	20__	20__	20__
Sent:										
Rcvd:										

Name:										
Address:										
Phone:										
Email:										
Year:	20__	20__	20__	20__	20__	20__	20__	20__	20__	20__
Sent:										
Rcvd:										

Name:										
Address:										
Phone:										
Email:										
Year:	20__	20__	20__	20__	20__	20__	20__	20__	20__	20__
Sent:										
Rcvd:										

R

Name:										
Address:										
Phone:										
Email:										
Year:	20__	20__	20__	20__	20__	20__	20__	20__	20__	20__
Sent:										
Rcvd:										

Name:										
Address:										
Phone:										
Email:										
Year:	20__	20__	20__	20__	20__	20__	20__	20__	20__	20__
Sent:										
Rcvd:										

Name:										
Address:										
Phone:										
Email:										
Year:	20__	20__	20__	20__	20__	20__	20__	20__	20__	20__
Sent:										
Rcvd:										

Name:										
Address:										
Phone:										
Email:										
Year:	20__	20__	20__	20__	20__	20__	20__	20__	20__	20__
Sent:										
Rcvd:										

Name:										
Address:										
Phone:										
Email:										
Year:	20__	20__	20__	20__	20__	20__	20__	20__	20__	20__
Sent:										
Rcvd:										

R

Name:										
Address:										
Phone:										
Email:										
Year:	20__	20__	20__	20__	20__	20__	20__	20__	20__	20__
Sent:										
Rcvd:										
Name:										
Address:										
Phone:										
Email:										
Year:	20__	20__	20__	20__	20__	20__	20__	20__	20__	20__
Sent:										
Rcvd:										
Name:										
Address:										
Phone:										
Email:										
Year:	20__	20__	20__	20__	20__	20__	20__	20__	20__	20__
Sent:										
Rcvd:										
Name:										
Address:										
Phone:										
Email:										
Year:	20__	20__	20__	20__	20__	20__	20__	20__	20__	20__
Sent:										
Rcvd:										

S

Name:

Address:										
Phone:										
Email:										
Year:	20__	20__	20__	20__	20__	20__	20__	20__	20__	20__
Sent:										
Rcvd:										

Name:

Address:										
Phone:										
Email:										
Year:	20__	20__	20__	20__	20__	20__	20__	20__	20__	20__
Sent:										
Rcvd:										

Name:

Address:										
Phone:										
Email:										
Year:	20__	20__	20__	20__	20__	20__	20__	20__	20__	20__
Sent:										
Rcvd:										

Name:

Address:										
Phone:										
Email:										
Year:	20__	20__	20__	20__	20__	20__	20__	20__	20__	20__
Sent:										
Rcvd:										

S

Name:										
Address:										
Phone:										
Email:										
Year:	20__	20__	20__	20__	20__	20__	20__	20__	20__	20__
Sent:										
Rcvd:										

Name:										
Address:										
Phone:										
Email:										
Year:	20__	20__	20__	20__	20__	20__	20__	20__	20__	20__
Sent:										
Rcvd:										

Name:										
Address:										
Phone:										
Email:										
Year:	20__	20__	20__	20__	20__	20__	20__	20__	20__	20__
Sent:										
Rcvd:										

S

Name:										
Address:										
Phone:										
Email:										
Year:	20__	20__	20__	20__	20__	20__	20__	20__	20__	20__
Sent:										
Rcvd:										

Name:
Address:

Phone:
Email:

Year:	20__	20__	20__	20__	20__	20__	20__	20__	20__	20__
Sent:										
Rcvd:										

Name:
Address:

Phone:
Email:

Year:	20__	20__	20__	20__	20__	20__	20__	20__	20__	20__
Sent:										
Rcvd:										

Name:
Address:

Phone:
Email:

Year:	20__	20__	20__	20__	20__	20__	20__	20__	20__	20__
Sent:										
Rcvd:										

S

Name:
Address:

Phone:
Email:

Year:	20__	20__	20__	20__	20__	20__	20__	20__	20__	20__
Sent:										
Rcvd:										

Name:										
Address:										
Phone:										
Email:										
Year:	20__	20__	20__	20__	20__	20__	20__	20__	20__	20__
Sent:										
Rcvd:										
Name:										
Address:										
Phone:										
Email:										
Year:	20__	20__	20__	20__	20__	20__	20__	20__	20__	20__
Sent:										
Rcvd:										
Name:										
Address:										
Phone:										
Email:										
Year:	20__	20__	20__	20__	20__	20__	20__	20__	20__	20__
Sent:										
Rcvd:										
Name:										
Address:										
Phone:										
Email:										
Year:	20__	20__	20__	20__	20__	20__	20__	20__	20__	20__
Sent:										
Rcvd:										

T

Name:										
Address:										
Phone:										
Email:										
Year:	20__	20__	20__	20__	20__	20__	20__	20__	20__	20__
Sent:										
Rcvd:										

Name:										
Address:										
Phone:										
Email:										
Year:	20__	20__	20__	20__	20__	20__	20__	20__	20__	20__
Sent:										
Rcvd:										

Name:										
Address:										
Phone:										
Email:										
Year:	20__	20__	20__	20__	20__	20__	20__	20__	20__	20__
Sent:										
Rcvd:										

Name:										
Address:										
Phone:										
Email:										
Year:	20__	20__	20__	20__	20__	20__	20__	20__	20__	20__
Sent:										
Rcvd:										

Name:										
Address:										
Phone:										
Email:										
Year:	20__	20__	20__	20__	20__	20__	20__	20__	20__	20__
Sent:										
Rcvd:										
Name:										
Address:										
Phone:										
Email:										
Year:	20__	20__	20__	20__	20__	20__	20__	20__	20__	20__
Sent:										
Rcvd:										
Name:										
Address:										
Phone:										
Email:										
Year:	20__	20__	20__	20__	20__	20__	20__	20__	20__	20__
Sent:										
Rcvd:										
Name:										
Address:										
Phone:										
Email:										
Year:	20__	20__	20__	20__	20__	20__	20__	20__	20__	20__
Sent:										
Rcvd:										

T

Name:										
Address:										
Phone:										
Email:										
Year:	20__	20__	20__	20__	20__	20__	20__	20__	20__	20__
Sent:										
Rcvd:										
Name:										
Address:										
Phone:										
Email:										
Year:	20__	20__	20__	20__	20__	20__	20__	20__	20__	20__
Sent:										
Rcvd:										
Name:										
Address:										
Phone:										
Email:										
Year:	20__	20__	20__	20__	20__	20__	20__	20__	20__	20__
Sent:										
Rcvd:										
Name:										
Address:										
Phone:										
Email:										
Year:	20__	20__	20__	20__	20__	20__	20__	20__	20__	20__
Sent:										
Rcvd:										

T

Name:										
Address:										
Phone:										
Email:										
Year:	20__	20__	20__	20__	20__	20__	20__	20__	20__	20__
Sent:										
Rcvd:										

Name:										
Address:										
Phone:										
Email:										
Year:	20__	20__	20__	20__	20__	20__	20__	20__	20__	20__
Sent:										
Rcvd:										

Name:										
Address:										
Phone:										
Email:										
Year:	20__	20__	20__	20__	20__	20__	20__	20__	20__	20__
Sent:										
Rcvd:										

Name:										
Address:										
Phone:										
Email:										
Year:	20__	20__	20__	20__	20__	20__	20__	20__	20__	20__
Sent:										
Rcvd:										

U

Name:										
Address:										
Phone:										
Email:										
Year:	20__	20__	20__	20__	20__	20__	20__	20__	20__	20__
Sent:										
Rcvd:										

Name:										
Address:										
Phone:										
Email:										
Year:	20__	20__	20__	20__	20__	20__	20__	20__	20__	20__
Sent:										
Rcvd:										

Name:										
Address:										
Phone:										
Email:										
Year:	20__	20__	20__	20__	20__	20__	20__	20__	20__	20__
Sent:										
Rcvd:										

Name:										
Address:										
Phone:										
Email:										
Year:	20__	20__	20__	20__	20__	20__	20__	20__	20__	20__
Sent:										
Rcvd:										

U

Name:										
Address:										
Phone:										
Email:										
Year:	20__	20__	20__	20__	20__	20__	20__	20__	20__	20__
Sent:										
Rcvd:										

Name:										
Address:										
Phone:										
Email:										
Year:	20__	20__	20__	20__	20__	20__	20__	20__	20__	20__
Sent:										
Rcvd:										

Name:										
Address:										
Phone:										
Email:										
Year:	20__	20__	20__	20__	20__	20__	20__	20__	20__	20__
Sent:										
Rcvd:										

Name:										
Address:										
Phone:										
Email:										
Year:	20__	20__	20__	20__	20__	20__	20__	20__	20__	20__
Sent:										
Rcvd:										

U

Name:

Address:

Phone:

Email:

Year:	20__	20__	20__	20__	20__	20__	20__	20__	20__	20__
Sent:										
Rcvd:										

Name:

Address:

Phone:

Email:

Year:	20__	20__	20__	20__	20__	20__	20__	20__	20__	20__
Sent:										
Rcvd:										

Name:

Address:

Phone:

Email:

Year:	20__	20__	20__	20__	20__	20__	20__	20__	20__	20__
Sent:										
Rcvd:										

Name:

Address:

Phone:

Email:

Year:	20__	20__	20__	20__	20__	20__	20__	20__	20__	20__
Sent:										
Rcvd:										

U

Name:										
Address:										
Phone:										
Email:										
Year:	20__	20__	20__	20__	20__	20__	20__	20__	20__	20__
Sent:										
Rcvd:										

Name:										
Address:										
Phone:										
Email:										
Year:	20__	20__	20__	20__	20__	20__	20__	20__	20__	20__
Sent:										
Rcvd:										

Name:										
Address:										
Phone:										
Email:										
Year:	20__	20__	20__	20__	20__	20__	20__	20__	20__	20__
Sent:										
Rcvd:										

Name:										
Address:										
Phone:										
Email:										
Year:	20__	20__	20__	20__	20__	20__	20__	20__	20__	20__
Sent:										
Rcvd:										

V

Name:										
Address:										
Phone:										
Email:										
Year:	20__	20__	20__	20__	20__	20__	20__	20__	20__	20__
Sent:										
Rcvd:										

Name:										
Address:										
Phone:										
Email:										
Year:	20__	20__	20__	20__	20__	20__	20__	20__	20__	20__
Sent:										
Rcvd:										

Name:										
Address:										
Phone:										
Email:										
Year:	20__	20__	20__	20__	20__	20__	20__	20__	20__	20__
Sent:										
Rcvd:										

Name:										
Address:										
Phone:										
Email:										
Year:	20__	20__	20__	20__	20__	20__	20__	20__	20__	20__
Sent:										
Rcvd:										

V

Name:										
Address:										
Phone:										
Email:										
Year:	20__	20__	20__	20__	20__	20__	20__	20__	20__	20__
Sent:										
Rcvd:										
Name:										
Address:										
Phone:										
Email:										
Year:	20__	20__	20__	20__	20__	20__	20__	20__	20__	20__
Sent:										
Rcvd:										
Name:										
Address:										
Phone:										
Email:										
Year:	20__	20__	20__	20__	20__	20__	20__	20__	20__	20__
Sent:										
Rcvd:										
Name:										
Address:										
Phone:										
Email:										
Year:	20__	20__	20__	20__	20__	20__	20__	20__	20__	20__
Sent:										
Rcvd:										

V

Name:										
Address:										
Phone:										
Email:										
Year:	20__	20__	20__	20__	20__	20__	20__	20__	20__	20__
Sent:										
Rcvd:										

Name:										
Address:										
Phone:										
Email:										
Year:	20__	20__	20__	20__	20__	20__	20__	20__	20__	20__
Sent:										
Rcvd:										

Name:										
Address:										
Phone:										
Email:										
Year:	20__	20__	20__	20__	20__	20__	20__	20__	20__	20__
Sent:										
Rcvd:										

Name:										
Address:										
Phone:										
Email:										
Year:	20__	20__	20__	20__	20__	20__	20__	20__	20__	20__
Sent:										
Rcvd:										

V

Name:
Address:

Phone:
Email:

Year:	20__	20__	20__	20__	20__	20__	20__	20__	20__	20__
Sent:										
Rcvd:										

Name:
Address:

Phone:
Email:

Year:	20__	20__	20__	20__	20__	20__	20__	20__	20__	20__
Sent:										
Rcvd:										

Name:
Address:

Phone:
Email:

Year:	20__	20__	20__	20__	20__	20__	20__	20__	20__	20__
Sent:										
Rcvd:										

W

Name:
Address:

Phone:
Email:

Year:	20__	20__	20__	20__	20__	20__	20__	20__	20__	20__
Sent:										
Rcvd:										

Name:										
Address:										
Phone:										
Email:										
Year:	20__	20__	20__	20__	20__	20__	20__	20__	20__	20__
Sent:										
Rcvd:										

Name:										
Address:										
Phone:										
Email:										
Year:	20__	20__	20__	20__	20__	20__	20__	20__	20__	20__
Sent:										
Rcvd:										

Name:										
Address:										
Phone:										
Email:										
Year:	20__	20__	20__	20__	20__	20__	20__	20__	20__	20__
Sent:										
Rcvd:										

Name:										
Address:										
Phone:										
Email:										
Year:	20__	20__	20__	20__	20__	20__	20__	20__	20__	20__
Sent:										
Rcvd:										

W

Name:										
Address:										
Phone:										
Email:										
Year:	20__	20__	20__	20__	20__	20__	20__	20__	20__	20__
Sent:										
Rcvd:										

Name:										
Address:										
Phone:										
Email:										
Year:	20__	20__	20__	20__	20__	20__	20__	20__	20__	20__
Sent:										
Rcvd:										

Name:										
Address:										
Phone:										
Email:										
Year:	20__	20__	20__	20__	20__	20__	20__	20__	20__	20__
Sent:										
Rcvd:										

W

Name:										
Address:										
Phone:										
Email:										
Year:	20__	20__	20__	20__	20__	20__	20__	20__	20__	20__
Sent:										
Rcvd:										

Name:										
Address:										
Phone:										
Email:										
Year:	20__	20__	20__	20__	20__	20__	20__	20__	20__	20__
Sent:										
Rcvd:										

Name:										
Address:										
Phone:										
Email:										
Year:	20__	20__	20__	20__	20__	20__	20__	20__	20__	20__
Sent:										
Rcvd:										

Name:										
Address:										
Phone:										
Email:										
Year:	20__	20__	20__	20__	20__	20__	20__	20__	20__	20__
Sent:										
Rcvd:										

Name:										
Address:										
Phone:										
Email:										
Year:	20__	20__	20__	20__	20__	20__	20__	20__	20__	20__
Sent:										
Rcvd:										

W

Name:										
Address:										
Phone:										
Email:										
Year:	20__	20__	20__	20__	20__	20__	20__	20__	20__	20__
Sent:										
Rcvd:										

Name:										
Address:										
Phone:										
Email:										
Year:	20__	20__	20__	20__	20__	20__	20__	20__	20__	20__
Sent:										
Rcvd:										

Name:										
Address:										
Phone:										
Email:										
Year:	20__	20__	20__	20__	20__	20__	20__	20__	20__	20__
Sent:										
Rcvd:										

X

Name:										
Address:										
Phone:										
Email:										
Year:	20__	20__	20__	20__	20__	20__	20__	20__	20__	20__
Sent:										
Rcvd:										

Name:										
Address:										
Phone:										
Email:										
Year:	20__	20__	20__	20__	20__	20__	20__	20__	20__	20__
Sent:										
Rcvd:										

Name:										
Address:										
Phone:										
Email:										
Year:	20__	20__	20__	20__	20__	20__	20__	20__	20__	20__
Sent:										
Rcvd:										

Name:										
Address:										
Phone:										
Email:										
Year:	20__	20__	20__	20__	20__	20__	20__	20__	20__	20__
Sent:										
Rcvd:										

Name:										
Address:										
Phone:										
Email:										
Year:	20__	20__	20__	20__	20__	20__	20__	20__	20__	20__
Sent:										
Rcvd:										

Name:
Address:

Phone:
Email:

Year:	20__	20__	20__	20__	20__	20__	20__	20__	20__	20__
Sent:										
Rcvd:										

Name:
Address:

Phone:
Email:

Year:	20__	20__	20__	20__	20__	20__	20__	20__	20__	20__
Sent:										
Rcvd:										

Name:
Address:

Phone:
Email:

Year:	20__	20__	20__	20__	20__	20__	20__	20__	20__	20__
Sent:										
Rcvd:										

X

Name:
Address:

Phone:
Email:

Year:	20__	20__	20__	20__	20__	20__	20__	20__	20__	20__
Sent:										
Rcvd:										

Name:										
Address:										
Phone:										
Email:										
Year:	20__	20__	20__	20__	20__	20__	20__	20__	20__	20__
Sent:										
Rcvd:										
Name:										
Address:										
Phone:										
Email:										
Year:	20__	20__	20__	20__	20__	20__	20__	20__	20__	20__
Sent:										
Rcvd:										
Name:										
Address:										
Phone:										
Email:										
Year:	20__	20__	20__	20__	20__	20__	20__	20__	20__	20__
Sent:										
Rcvd:										
Name:										
Address:										
Phone:										
Email:										
Year:	20__	20__	20__	20__	20__	20__	20__	20__	20__	20__
Sent:										
Rcvd:										

X

Name:										
Address:										
Phone:										
Email:										
Year:	20__	20__	20__	20__	20__	20__	20__	20__	20__	20__
Sent:										
Rcvd:										

Name:										
Address:										
Phone:										
Email:										
Year:	20__	20__	20__	20__	20__	20__	20__	20__	20__	20__
Sent:										
Rcvd:										

Name:										
Address:										
Phone:										
Email:										
Year:	20__	20__	20__	20__	20__	20__	20__	20__	20__	20__
Sent:										
Rcvd:										

Y

Name:										
Address:										
Phone:										
Email:										
Year:	20__	20__	20__	20__	20__	20__	20__	20__	20__	20__
Sent:										
Rcvd:										

Name:										
Address:										
Phone:										
Email:										
Year:	20__	20__	20__	20__	20__	20__	20__	20__	20__	20__
Sent:										
Rcvd:										

Name:										
Address:										
Phone:										
Email:										
Year:	20__	20__	20__	20__	20__	20__	20__	20__	20__	20__
Sent:										
Rcvd:										

Name:										
Address:										
Phone:										
Email:										
Year:	20__	20__	20__	20__	20__	20__	20__	20__	20__	20__
Sent:										
Rcvd:										

Y

Name:										
Address:										
Phone:										
Email:										
Year:	20__	20__	20__	20__	20__	20__	20__	20__	20__	20__
Sent:										
Rcvd:										

Name:										
Address:										
Phone:										
Email:										
Year:	20__	20__	20__	20__	20__	20__	20__	20__	20__	20__
Sent:										
Rcvd:										

Name:										
Address:										
Phone:										
Email:										
Year:	20__	20__	20__	20__	20__	20__	20__	20__	20__	20__
Sent:										
Rcvd:										

Name:										
Address:										
Phone:										
Email:										
Year:	20__	20__	20__	20__	20__	20__	20__	20__	20__	20__
Sent:										
Rcvd:										

Y

Name:										
Address:										
Phone:										
Email:										
Year:	20__	20__	20__	20__	20__	20__	20__	20__	20__	20__
Sent:										
Rcvd:										

Name:

Address:

Phone:

Email:

Year:	20__	20__	20__	20__	20__	20__	20__	20__	20__	20__
Sent:										
Rcvd:										

Name:

Address:

Phone:

Email:

Year:	20__	20__	20__	20__	20__	20__	20__	20__	20__	20__
Sent:										
Rcvd:										

Name:

Address:

Phone:

Email:

Year:	20__	20__	20__	20__	20__	20__	20__	20__	20__	20__
Sent:										
Rcvd:										

Name:

Address:

Phone:

Email:

Year:	20__	20__	20__	20__	20__	20__	20__	20__	20__	20__
Sent:										
Rcvd:										

Y

Name:										
Address:										
Phone:										
Email:										
Year:	20__	20__	20__	20__	20__	20__	20__	20__	20__	20__
Sent:										
Rcvd:										

Name:										
Address:										
Phone:										
Email:										
Year:	20__	20__	20__	20__	20__	20__	20__	20__	20__	20__
Sent:										
Rcvd:										

Name:										
Address:										
Phone:										
Email:										
Year:	20__	20__	20__	20__	20__	20__	20__	20__	20__	20__
Sent:										
Rcvd:										

Name:										
Address:										
Phone:										
Email:										
Year:	20__	20__	20__	20__	20__	20__	20__	20__	20__	20__
Sent:										
Rcvd:										

Z

Name:

Address:

Phone:

Email:

Year:	20__	20__	20__	20__	20__	20__	20__	20__	20__	20__
Sent:										
Rcvd:										

Name:

Address:

Phone:

Email:

Year:	20__	20__	20__	20__	20__	20__	20__	20__	20__	20__
Sent:										
Rcvd:										

Name:

Address:

Phone:

Email:

Year:	20__	20__	20__	20__	20__	20__	20__	20__	20__	20__
Sent:										
Rcvd:										

Name:

Address:

Phone:

Email:

Year:	20__	20__	20__	20__	20__	20__	20__	20__	20__	20__
Sent:										
Rcvd:										

Z

Name:

Address:

Phone:

Email:

Year:	20__	20__	20__	20__	20__	20__	20__	20__	20__	20__
Sent:										
Rcvd:										

Name:

Address:

Phone:

Email:

Year:	20__	20__	20__	20__	20__	20__	20__	20__	20__	20__
Sent:										
Rcvd:										

Name:

Address:

Phone:

Email:

Year:	20__	20__	20__	20__	20__	20__	20__	20__	20__	20__
Sent:										
Rcvd:										

Name:

Address:

Z

Phone:

Email:

Year:	20__	20__	20__	20__	20__	20__	20__	20__	20__	20__
Sent:										
Rcvd:										

Name:										
Address:										
Phone:										
Email:										
Year:	20__	20__	20__	20__	20__	20__	20__	20__	20__	20__
Sent:										
Rcvd:										

Name:										
Address:										
Phone:										
Email:										
Year:	20__	20__	20__	20__	20__	20__	20__	20__	20__	20__
Sent:										
Rcvd:										

Name:										
Address:										
Phone:										
Email:										
Year:	20__	20__	20__	20__	20__	20__	20__	20__	20__	20__
Sent:										
Rcvd:										

Z

Name:										
Address:										
Phone:										
Email:										
Year:	20__	20__	20__	20__	20__	20__	20__	20__	20__	20__
Sent:										
Rcvd:										

Made in the USA
Monee, IL
06 January 2021